I0791412

EVIA EDICIONES
ES PROPIEDAD DE EDICIONES VISUALES ALBERDI S.A.
BUENOS AIRES - ARGENTINA
www.eviatienda.com

Institutos

Leticia Suárez del Cerro

CURSOS DE MODELADO EN PORCELANA FRÍA

SEDE CENTRAL CASEROS
Directora General y de Enseñanza:
Leticia Suárez del Cerro

Andrés Ferreyra 2594
Teléfonos: 4716-2420
info@suarezdelcerro.com.ar
Facebook: Leticia Suárez del Cerro - Instituto Caseros
Seminarios y perfeccionamientos dictados por Leticia.
Profesorado con títulos otorgados y avalados por Leticia Suárez del Cerro.

SUCURSAL CABALLITO
Directora: Margarita Suárez del Cerro
Del Barco Centenera 295 1er piso
Teléfonos: 4902-5917
caballito@suarezdelcerro.com.ar
Facebook: Instituto Leticia Suárez del Cerro - Sucursal Caballito

INTERIOR DEL PAIS
CÓRDOBA
Organizadora: Verónica Anabella Alcántaro
Dirección: Madre Pastorino 3075
Barrio Villa Corina - Córdoba Capital
Teléfono: 0351-479-2258   0351-15-632-7741
email: naeli@live.com.ar
Facebook: Naeli Creaciones

CATAMARCA
Organizadora: Liliana Edith Lobo - "Taller encantada"
Dirección: Av. Juan Pablo Vera 95 - Capital - Catamarca
Teléfono: 03834-440-772 | Celular: 03834-15-567-411
email: lililobo68@hotmail.com - lalylobo@yahoo.com

TUCUMÁN
Organizadora: María Angela Pastorini "El taller de Marietta"
Dirección: B° 200 Viviendas de Viluco Mna. "A" Casa 32 - Tucumán Teléfono: 0381-400-5379 | 0381-15-445-2539
email: mpastorini22@yahoo.com.ar | marietta2275@yahoo.com.ar
facebook: Marietta porcelana fría

ROSARIO
Organizadora: Patricia Aguirre - Taller Soles
Dirección: Triunvirato 440 (ex 540) Rondeau al 200
Teléfono: 0341-454-9496 | Celular: 0341-15-606-1505
email: yo_pato15@hotmail.com | tallerdossoles@hotmail.com

PEHUAJO
Organizadora: Marisol Giannotti
Dirección: Clemente Grand 880 - Pehuajó, Prov. de Bs. As.
Teléfono: 02396-475-490 | Celular: 02396-15-622-592
email: marigiann@hotmail.com | facebook: Marisol Giannotti

SAN JUAN
Organizadora: Cecilia Leonor Quiroga
Dirección: Coronel Guerrero 258, Villa San Martín, Albardón, San Juan
Teléfono: 0264-491-2325 | Celular: 0264-15-509-7905
email: quirogacecilialeonor@live.com
facebook: Cecilia Quiroga

MENDOZA
Organizadora: Adela Berrondo "Taller Locas Artesanías"
Dirección: Barrio In-me M. L. Casa 6 - El Challao - Las Heras Mendoza Teléfonos: 0261-444-4186 | 0261-15-557-5562
email: duque-002@hotmail.com | facebook: Adela Berrondo

LA PAMPA
Organizadora: María Eugenia Italiani y Marisol Ginnotti
Dirección: González 334 - Santa Rosa - La Pampa
Teléfonos: 02954-430598 | Celular: 02396-15-622-592
Email: marigiann@hotmail.com
Facebook: Marisol Giannotti

MAR DEL PLATA
Organizadora: Mabel Guerrero
Dirección: Berutti 3936 (entre Guido y Funes)
Teléfonos: 0223-475-7780 | Celular: 0223-15-536-1980
email: mabel_guerrero12@hotmail.com
Facebook: Porcelana Caricias de Hadas

Participan en esta edición

NANCI ARRÚA
Profesora Instituto
Sede Central Caseros

NATALIA BERGÉS
Profesora Instituto
Caballito

MARÍA FERNANDA DE LUCA
Profesora Instituto
Caballito

ALEJANDRA DOMINGUEZ
Profesora Instituto
Sede Central Caseros

ADRIANA GARIFO
Profesora Instituto
Sucursal Caballito

SOLEDAD QUIPILDOR
Profesora Instituto
Sede Central Caseros

Editorial

¡Hola chicas!

¡Estamos muy felices por la repercusión que tuvimos con las revistas de este año!

Nuestro mayor deseo es brindarles cada mes nuevas ideas porque sabemos que las ponen en práctica, y esperan con mucha ansiedad los nuevos modelados que habrá en los próximos números.

En todas las localidades que visito, la revista es un éxito y siempre la pregunta es…
¿cuándo sale el próximo número?

Las ganas que nos transmiten son las que nos mantienen con toda la energía para seguir creando nuevas propuestas.

Y sigan disfrutando del momento de modelar y realizar nuevas creaciones!

¡Gracias por demostrarnos tanto cariño!
Cariños para todas,

Leticia ♡

LETICIA SUÁREZ DEL CERRO
Directora General y de Enseñanza
SEDE CENTRAL CASEROS

DULCE CUENTO
Una casita de cuento hecha toda en golosinas, perfecta para decorar una torta de cumpleaños con un juego de dulces como souvenirs.

MUY CAMPESTRE
Una muñeca vestida estilo vintage decorada con pequeñas rosas de todo tipo y color.

LA GRANJA
Animalitos súper tiernos, que pueden acompañar un paseo a la granja o para el cumpleaños de algún pequeño.

PASTELERÍA
Souvenirs ideales para los cumpleaños donde las nenas se divierten cocinando con amigas jugando a ser grandes pasteleras.

SKATERS DE CUMPLE
Un centro de mesa o adorno para la torta, y souvenirs ideales para pre-adolescentes, con un toque moderno y canchero, como a ellos les gusta.

COQUETERÍAS
Una idea para agasajar a las invitadas a un evento de mujeres y quedar como una reina.

BAILARINAS
Les presentamos unos preciosos y llamativos souvenirs en tonos rosados, ideales para el cumpleaños de una nena.

Generalidades **básicas**

La porcelana fría es una masa dúctil que se seca al aire libre. se la debe conservar en lugares frescos y oscuros, dentro de bolsitas o frascos herméticos (siempre separada por colores). dura dos meses aproximadamente y la consistencia de la masa debe ser similar a la de la plastilina.

Teñido **de la masa**

• Se puede dar color a la porcelana fría con óleos, colorantes vegetales, témperas y acrílicos. Tener en cuenta que los dos últimos son pinturas a base de agua y no al aceite, de modo que es recomendable utilizar para teñir colores muy claros, colocando una pequeña cantidad del producto.

• Es aconsejable teñir con pocas cantidades de pintura y si es necesario intensificar el tono volver a colocar el color y mezclar nuevamente, ya que si el resultado es muy oscuro se necesitarán grandes cantidades de masa natural para aclararla.

• Tener en cuenta que una vez que se seca la porcelana el color se oscurece, por este motivo teñir un tono más bajo al que se desea como resultado final.

Forrado **de esferas con prolongación**

• Forrar una esfera de telgopor hundiendo la misma en una porción de masa dos veces mayor al volumen de la esfera.

• Subir la masa dejando una capa fina alrededor de la esfera; buscar la forma de la misma por debajo de la masa de manera que se note bien la redondez de la esfera.

• Con el resto de la masa realizar una prolongación a modo de rollo (su largo va a depender de la figura que se va a modelar). Presionar el sobrante de masa afinándola para que no queden imperfecciones en el corte.

• Mediante esta técnica podremos realizar cuerpos, cabezas, frutas, verduras y diversos objetos.

La esfera de telgopor nos ayuda a dar formas perfectamente redondas y a aliviar el modelo terminado. Podemos encontrar gran variedad de tamaños de esferas.

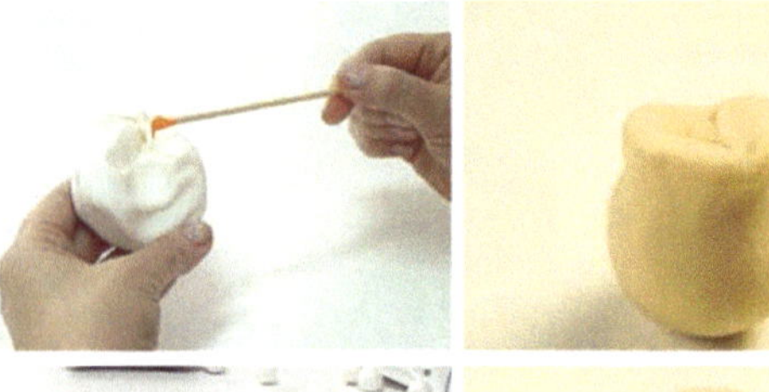

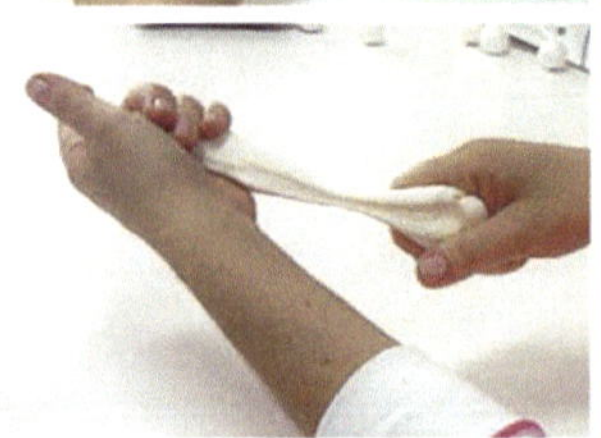

Modelados **de manos**

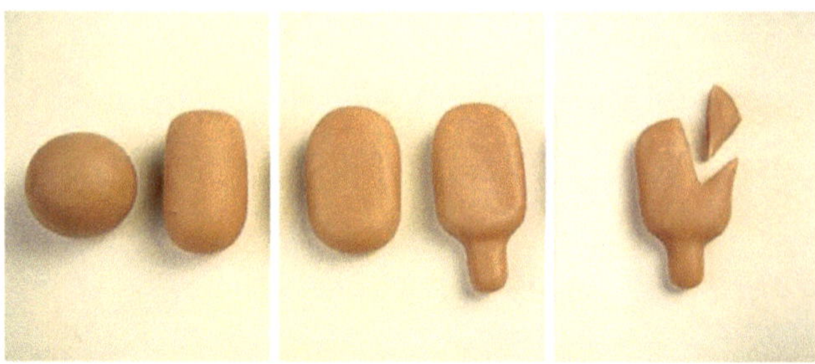

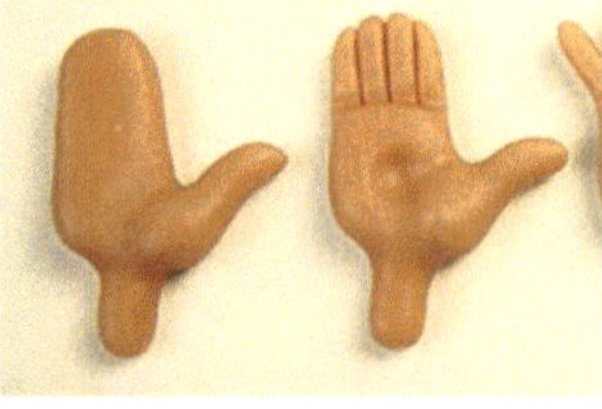

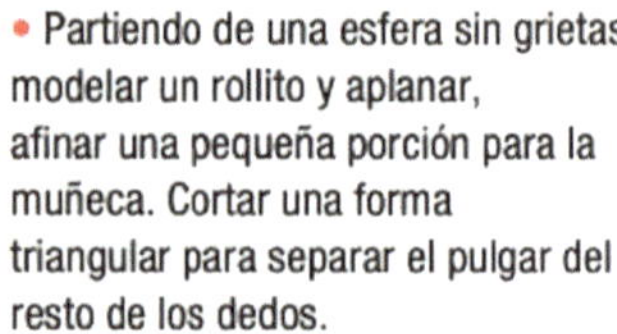

• Partiendo de una esfera sin grietas modelar un rollito y aplanar, afinar una pequeña porción para la muñeca. Cortar una forma triangular para separar el pulgar del resto de los dedos.

• Redondear el corte y dar forma al pulgar abarcando la palma hasta la muñeca. Hundir el centro de la palma con un bolillo, y realizar una leve curva descendente para el nacimiento de los dedos restantes. Cortar los dedos, separar y redondear. Marcar las falanges con una esteca de filo.

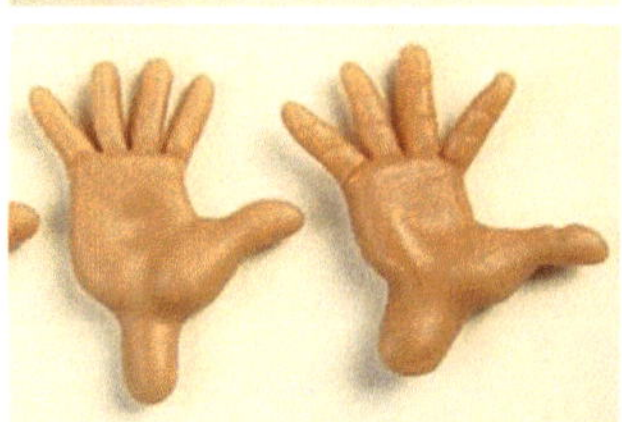

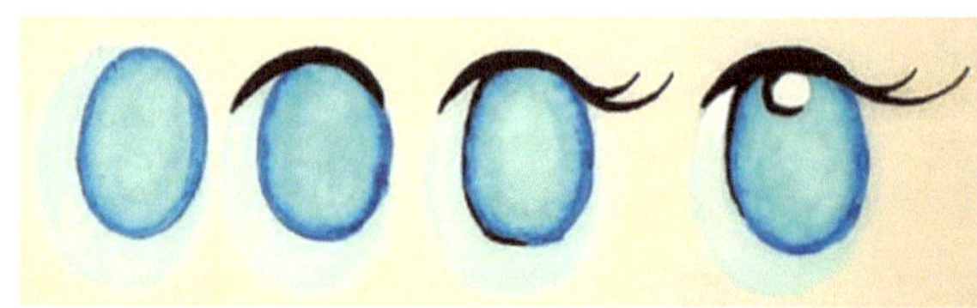

• Pintar un óvalo con marcador celeste muy claro pintando su interior. Con un azul oscuro dibujar un óvalo por dentro que sea más pequeño al de la base clara; orientarlo hacia la derecha o la izquierda, según la dirección de la mirada.

• Con el marcador celeste claro esfumar el azul hacia el interior del óvalo obteniendo la mezcla de ambos tonos. Con una microfibra negra realizar una curva en la parte superior del ojo; engrosar con nuevos trazos en su parte media dejando los extremos finos a modo de medialuna.

• A continuación dibujar dos pestañas, una más larga que otra.

• Con una microfibra blanca iluminar la mirada realizando un punto en la parte central y superior del óvalo oscuro (pupila del ojo). En el ángulo superior del óvalo claro rellenar con blanco y esfumar hacia abajo con una fibra gastada, que no contenga tinta.

Por último delinear con negro el punto blanco y el óvalo oscuro para obtener una mejor definición y contraste.

Modelado de cabeza básica

- Forrar una esfera de telgopor hundiendo la misma en una porción de masa (fotos 1, 2 y 3) utilizando la técnica del forrado de esfera con prolongación (página 4).
- Destacar la redondez de la esfera ubicada debajo de la capa pareja de masa (sector de la frente) para poder tomar recién ahí la medida de la misma y trasladar sólo la mitad a la prolongación (foto 4).
- Esta imagen muestra la mitad de la medida de la esfera trasladada a la prolongación. Hundir con el dedo para marcar el límite de la cara y así poder retirar el sobrante de masa (foto 5).
- Afinar sobre esta marca presionando hacia abajo con un dedo hasta cortar en la parte posterior (donde luego estará ubicado el cuello) sin que queden prácticamente marcas (foto 6 y 7).
- Redondear la zona del corte, dando forma de pera (foto 8).
- Para separar el cuello de la cara, dividir la zona recién redondeada por la parte inferior aproximadamente a la mitad del espesor de la misma (prolongación). Continuar marcando esta línea divisoria cara-cuello subiendo en ambos laterales hasta llegar a la esfera (que sería el cráneo). Esta marca separa el cuello por detrás de la cara, diferenciando la mandíbula inferior del mismo (fotos 9 y 10).
- Alargar el sector del cuello estirando la masa y afinando con los dedos hacia abajo a modo de rollo (foto 11).
- Evitar que la masa para realizar mejillas, nariz y boca quede apuntando hacia abajo, quedando así una forma de "trompa caída" muy separada de la frente; para ello, presionar este sector de masa hacia la esfera "compactando" la misma para que resulte un perfil delicado y respingado. Hacer presión constantemente en el límite donde termina la esfera y comienza la prolongación; este sector separa la frente redondeada

(por la esfera que está debajo) de la zona del resto de la carita. Hundir imitando una "canaleta" en este sector divisorio en donde luego se dibujarán los ojos (foto 12).
- Para la nariz (foto 13), realizar una pequeña bolita de masa, dándole forma ovalada. Pegarla de manera apaisada y en el centro de la cara dejando para ambas mejillas la misma proporción de masa. Tener en cuenta que la nariz se ubica a continuación de la canaleta de los ojos; bien cerca de la frente.
- Con un bolillo chico realizar la boca (foto 14), hundiendo y bajando para formar el labio inferior. Con una esteca de punta curva marcarlo por debajo para definirlo bien (foto 15).
- Para el mentón (foto 16), dejar una pequeña porción de masa debajo de la boca y, con los pulgares, separar la misma de las mejillas redondeando siempre las formas con las yemas de los dedos.
- Modelar dos peritas pequeñas para las orejas y pegarlas en forma invertida a los lados de la cabeza. Con un bolillo chico ahuecar en el centro (foto 17).
- Una vez que la masa esté bien seca, luego de 24 horas, pintar los ojos y dar color a las mejillas con rubor o polvos tonalizadores (foto 18).

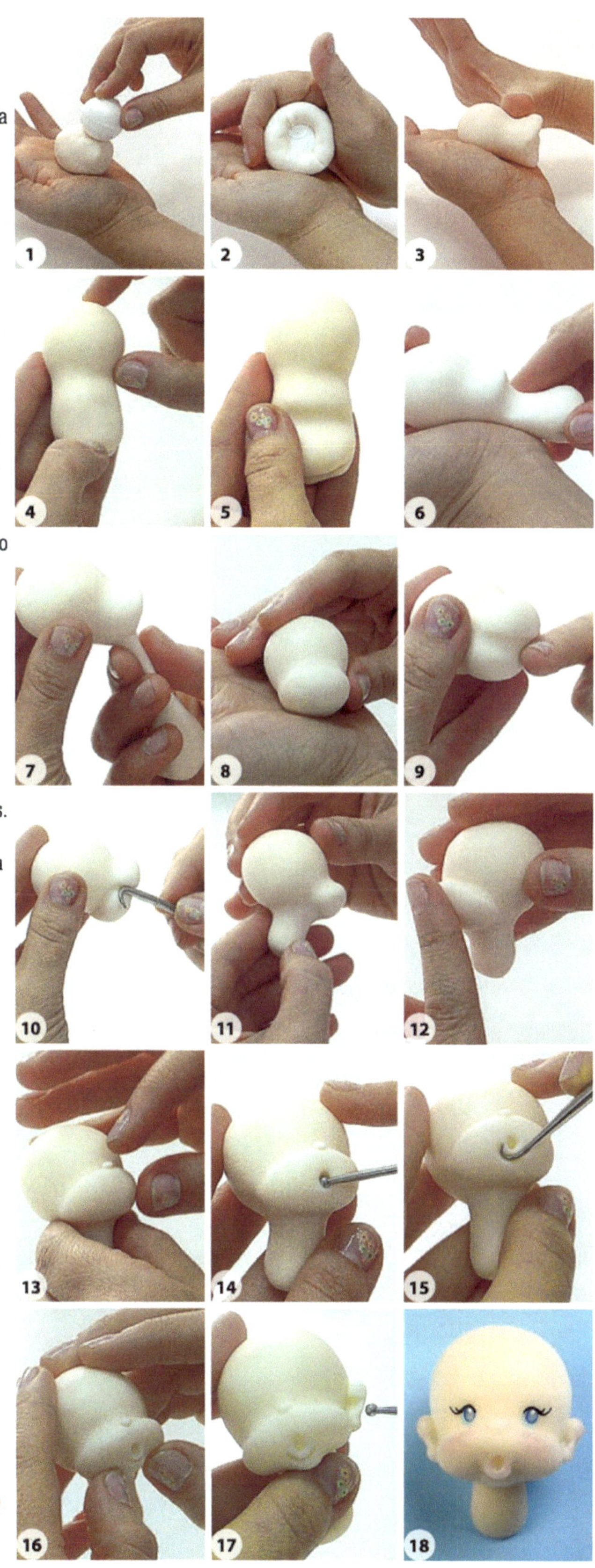

Profesora | **Leticia Suárez del Cerro**

Muy romántica

Una muñeca vestida estilo vintage decorada
con pequeñas rosas de todo tipo y color.

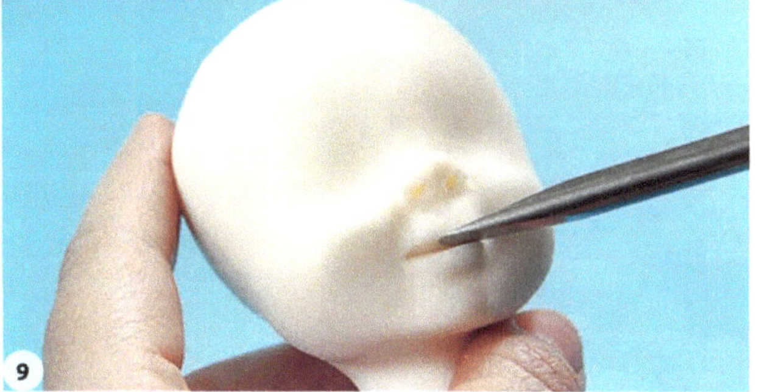

MATERIALES

- Porcelana fría: 1,200 kg
- Esferas: Nº 13 y Nº 10
- Colorantes: piel, rosa, verde, marrón oscuro, blanco
- Estecas y bolillos
- Cola vinílica
- Telas
- Puntillas
- Ojos autoadhesivos
- Perlas
- Rosas rococó
- Cortantes
- Hilo y aguja
- Toallitas húmedas

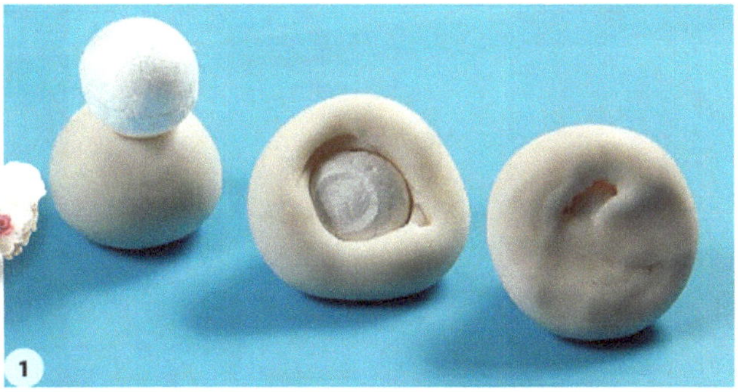

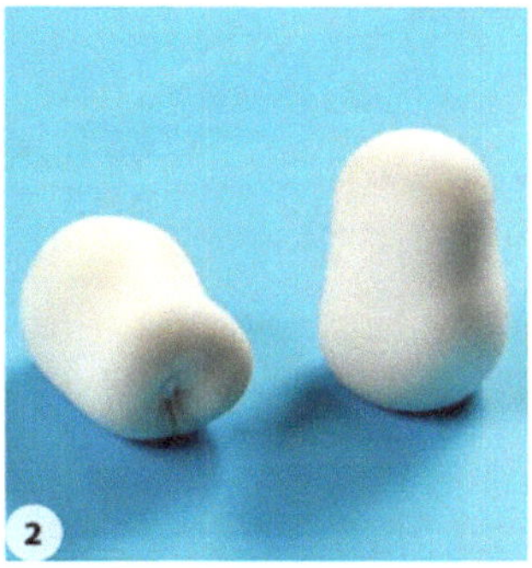

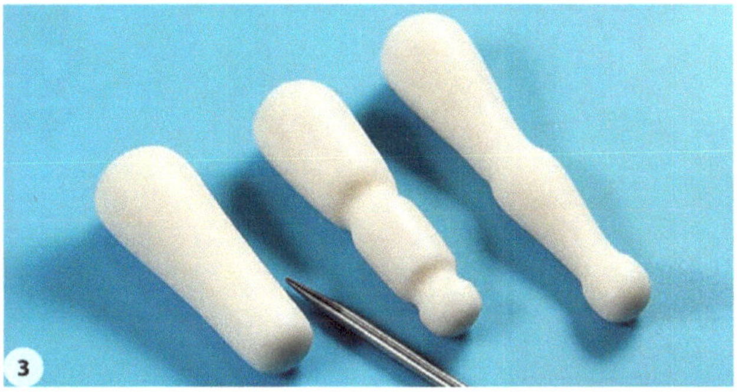

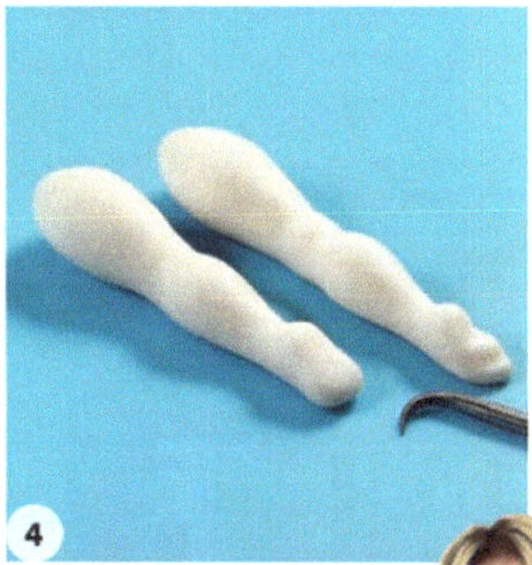

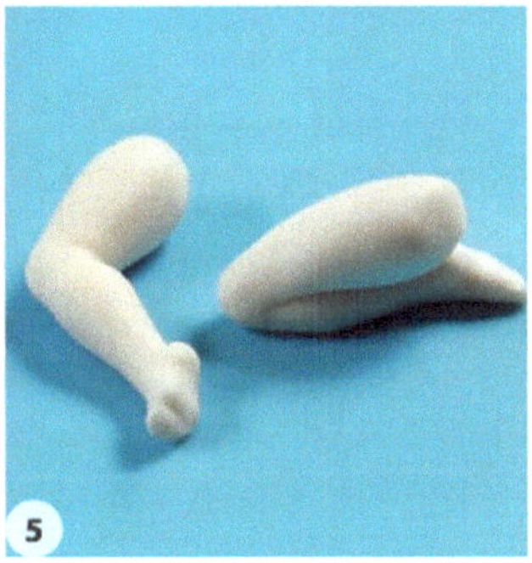

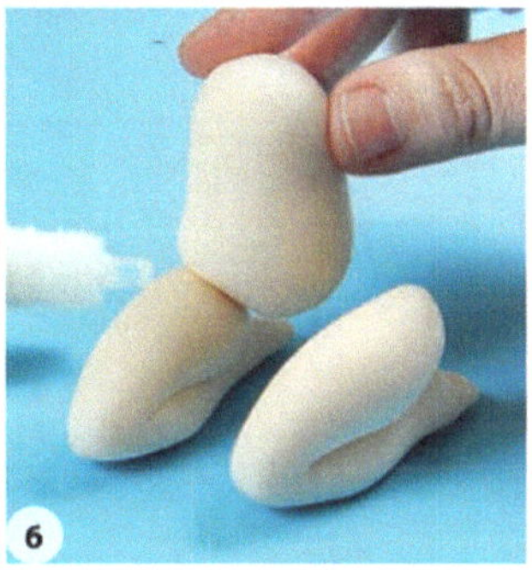

PASO 1 • Forrar una esfera con el doble del volumen en cantidad de masa.

PASO 2 • Prolongar el exceso de masa y formar una pera.

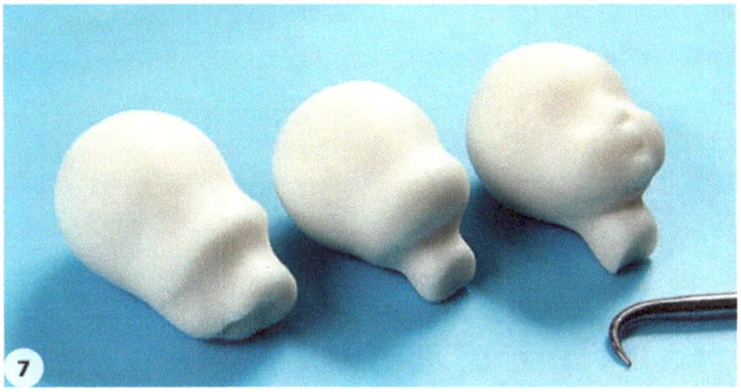

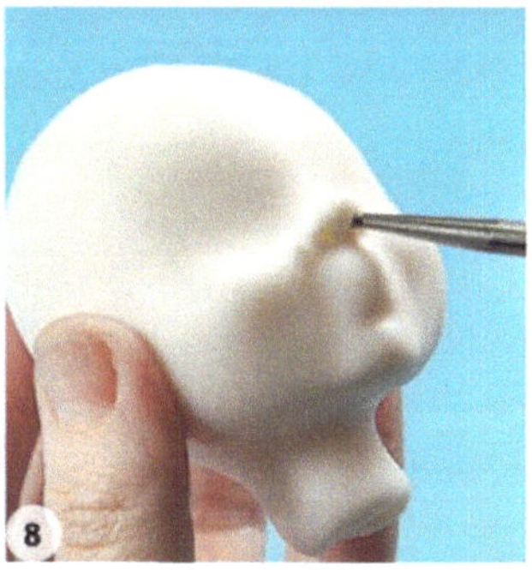

PASO 3 • Hacer dos rollitos inclinados, dividirlos a la mitad para marcar las rodillas y en el extremo menor, marcar los tobillos. Estilizar las marcas alargando la piernita.

PASO 4 • Modelar los piecitos sin marcar dedos; marcar los dobleces de las rodillas por detrás.

PASO 5 • Doblar la pierna buscando la rodilla de tal modo que la parte posterior del muslo llegue al talón.

PASO 6 • Pegar el cuerpo a las piernas con cola vinílica.

PASO 7 • Forrar una esfera con prolongación, dejar una parte pequeña para las mejillas y sacar el cuello.

PASO 8 • Marcar la nariz, aletas y orificios nasales. Profundizar el sector de los ojos.

PASO 9 • Dividir al medio el sector de la boca.

PASO 10 • En ambos labios, abrir con una esteca para darle el ángulo.

PASO 11 • Profundizar las comisuras con un bolillo y dibujar el labio superior; profundizar por fuera el inferior.

PASO 12 • Suavizar la marca de la esteca con la yema de los dedos. Luego, con una esteca de punta fina, marcar las arrugas de la piel de los labios.

PASO 13 • Modelar las orejitas y pegarlas a los lados de la cabeza con cola vinílica.

PASO 14 • Colocar el ojo izquierdo solamente.

PASO 15 • Pegar la cabeza al cuerpo.

PASO 16 • Fundir el cuello con una toallita húmeda.

PASO 17 • Pintar pestañas con una microfibra negra y delinear la parte superior del ojo engrosando la línea.

PASO 18 • Colocar el sticker de ceja o dibujarla con microfibra.

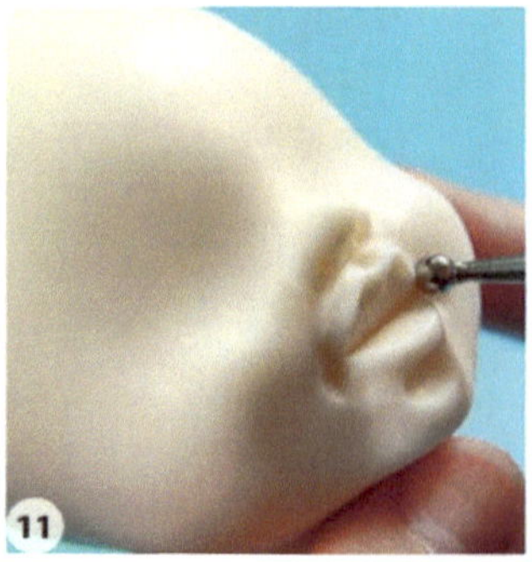

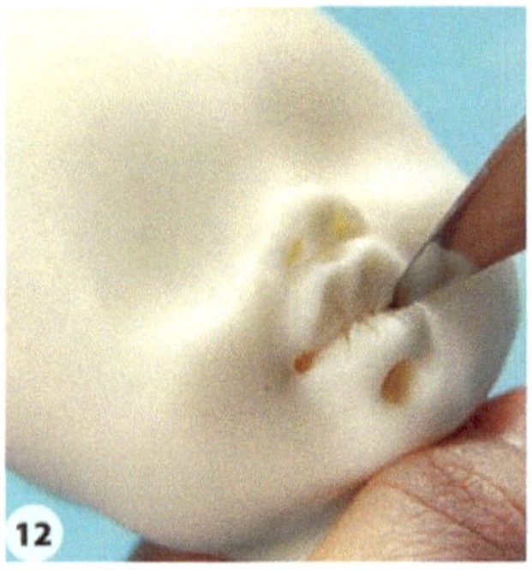

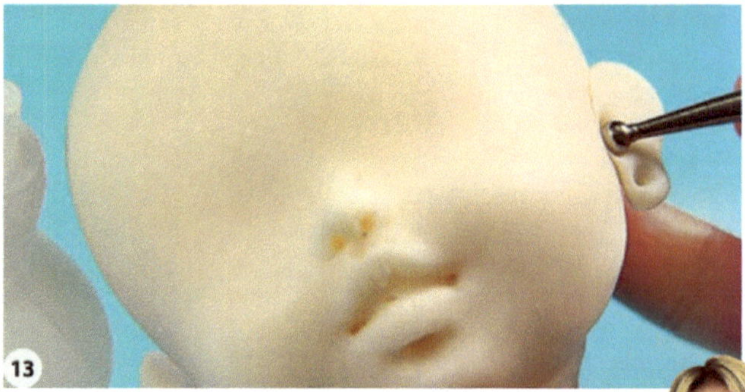

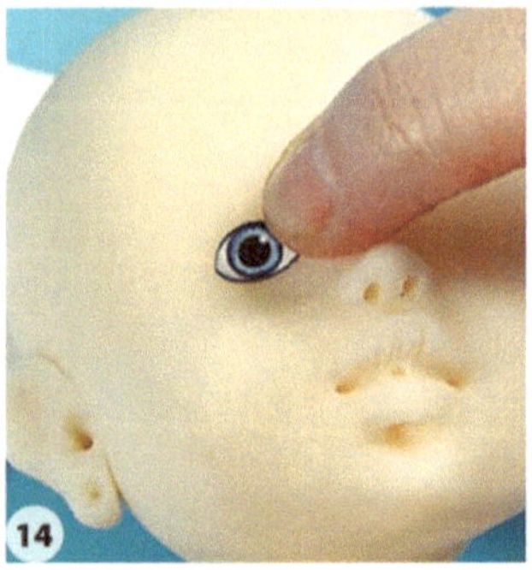

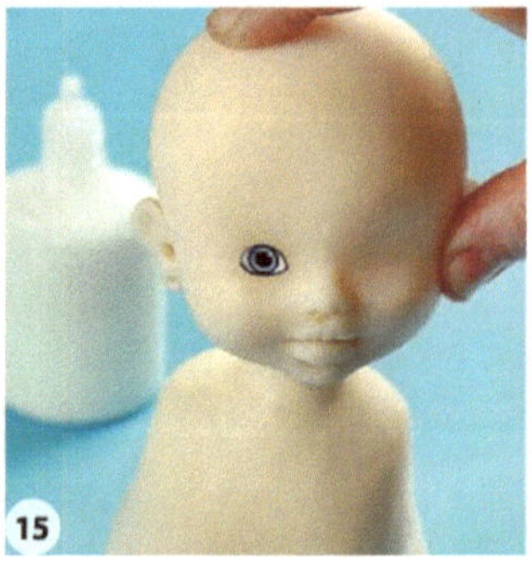

PASO 19 • Darle color a las mejillas y al interior de la boca.

PASO 20 • Delinear con marcador rosa los labios y con pincel húmedo esfumar hacia adentro.

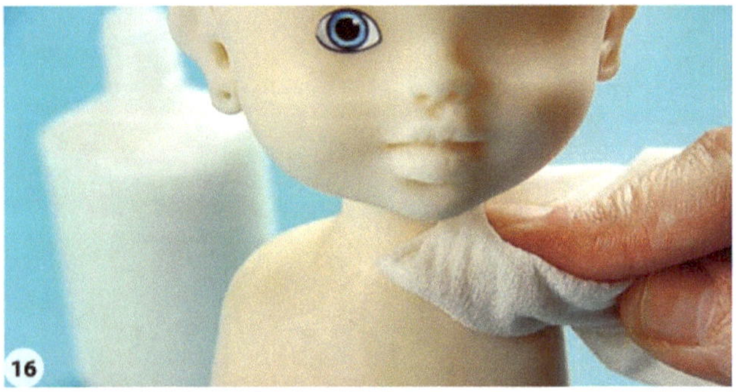

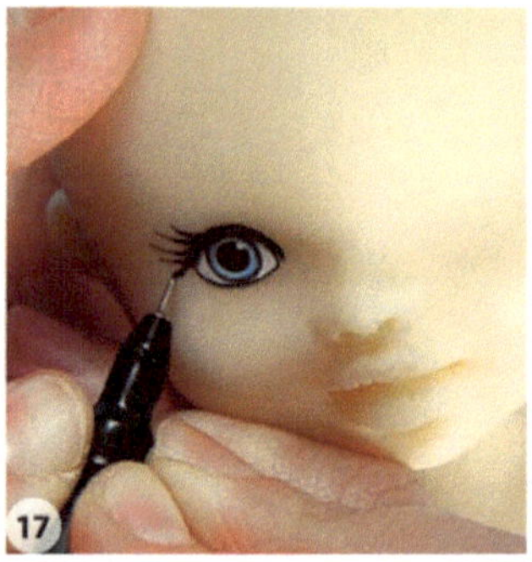

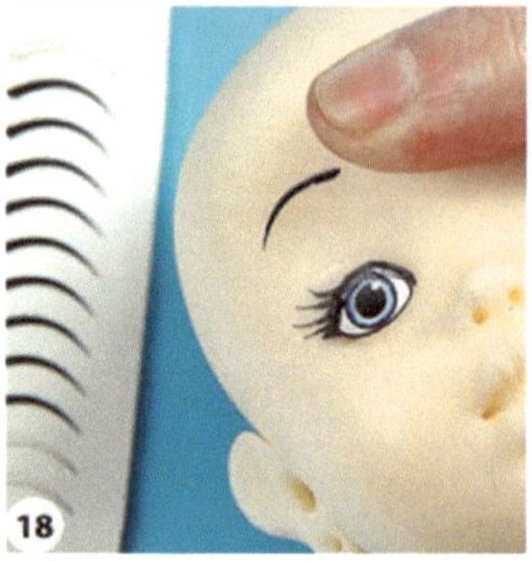

PASO 21 • Para el vestido, estirar masa muy fina.

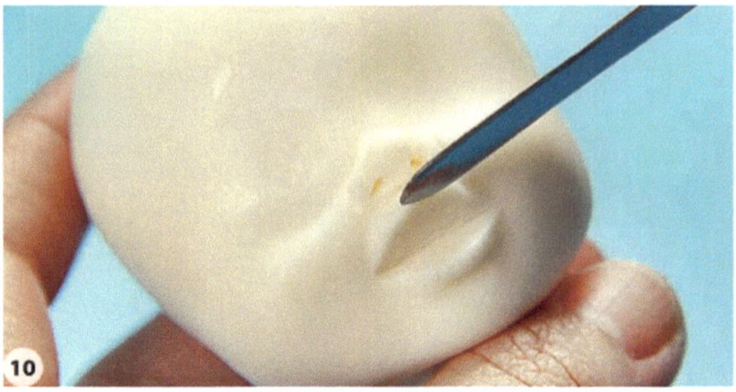

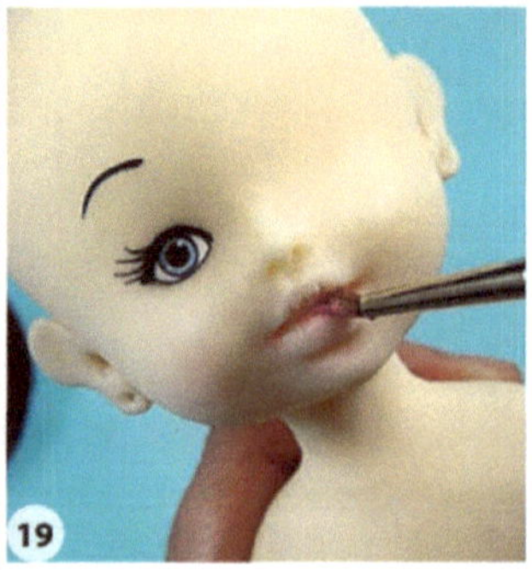

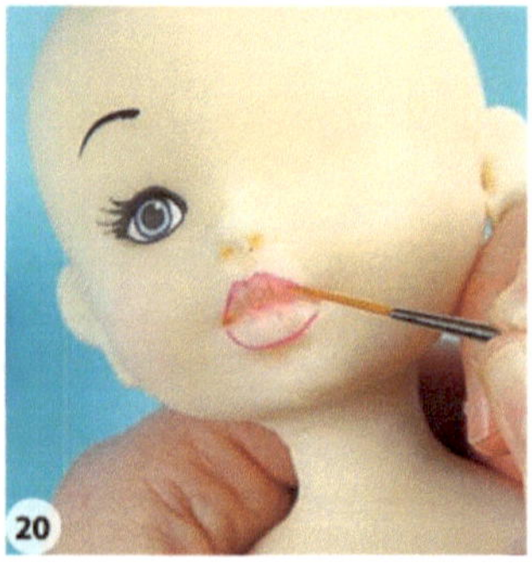

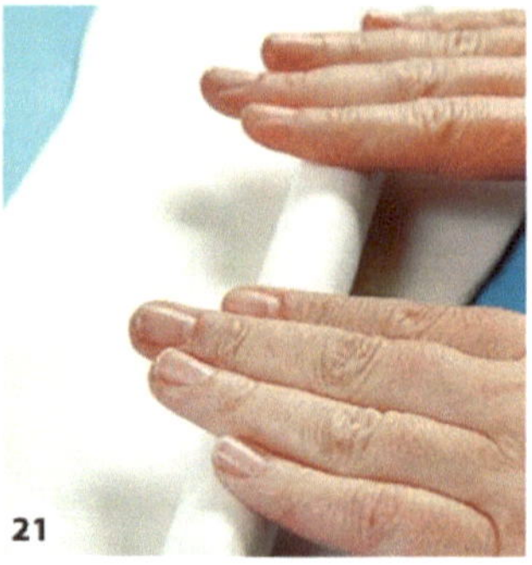

PASO 22 • Cortar una tira que dé dos vueltas al contorno de la cintura de la muñeca.

PASO 23 • Poner cola vinílica en toda la superficie de la masa y pegar la tela.

PASO 24 • Pasar el palito con firmeza para integrar la tela con la masa; reservar tapado.

PASO 25 • Con otra tela, cortar una tira larga para el volado inferior y pegar sobre la masa estirada.

PASO 26 • Fruncir haciendo tablas encontradas.

PASO 27 • Pegar ese volado al retazo anterior.

PASO 28 • Fijar una puntilla en la unión.

PASO 29 • Fruncir la parte superior haciendo tablas encontradas fijándolas con pegamento. Mantener reservado.

PASO 30 • Para la pechera, estirar masa muy fina y pegar la tela sobre la misma. Estirar con firmeza y cortar para darle forma.

PASO 31 • Adherir la pechera al cuerpo.

PASO 32 • Retirar el excedente de pechera realizando un corte sobre los hombros.

PASO 33 • Fijar la pollera al cuerpo con silicona líquida.

PASO 34 • Para tapar la unión de la pechera y la pollera con puntilla, pegar con silicona líquida.

PASO 35 • Dar movimiento a la falda colocándole por dentro esferas.

PASO 36 • Para los brazos, partir de dos rollitos inclinados, dividir a la mitad para separar el codo de cada uno. Luego, dividir en el extremo de menor tamaño para separar las muñecas y modelar la mano completa de cada brazo.

PASO 37 • Para la manga, estirar masa fina, pegar la tela y cortar según la imagen. A la vez, realizar un pespunte con la aguja para poder fruncir.

PASO 38 • Pegar la manga al brazo con cola vinílica.

PASO 39 • Adherir los brazos al cuerpo con pegamento universal.

PASO 40 • Para el cuello, pegar rosas rococó de gasa cristal con silicona líquida.

PASO 41 • Para el volado que se colocará en el borde del vestido, fruncir cinta de gasa en el centro de la misma con aguja e hilo.

PASO 42 • Fijar el volado, sobre el vestido con silicona líquida.

PASO 43 • Para el pelo, colocar un casquito de masa color marrón, y dar movimiento para uno de los costados.

PASO 44 • Dar movimiento al pelo y tapar uno de los ojos.

PASO 45 • Para las rosas, cortar con un cortante de nomeolvides, acortar los pétalos y en el centro de la misma colocar una rosa rococó de porcelana.

PASO 46 • Para los pimpollos, modelar lágrimas para el centro, cortar los petalos con un cortante redondo, acortar los mismos y pegar alrededor de cada lágrima.

PASO 47 • Aplicar las flores en el pelo aún fresco, para decorarlo.

PASO 48 • Pegar un volado de cinta de gasa cristal en las mangas con silicona líquida.

PASO 49 • Decorar las mangas y los volados de la pollera con flores.

PASO 50 • Con los pimpollos, armar un bouquet de flores.

PASO 51 • Con rollitos de masa color verde, modelar unos arabescos, pegarlos a las manos junto con el bouquet de flores.

PASO 52 • Decorar en los hombros con moños de cinta de organza.

PASO 53 • Para los aros, pegar las perlas y colocar otras en el tocado. Con polvo tonalizador, sombrear los ojos para dar profundidad al párpado.

Profesora | **Soledad Quipildor**

La granja

Animalitos súper tiernos, que pueden acompañar un
paseo a la granja o para el cumpleaños de algún pequeño.

ESTRELLA

PASO 1 • Estirar masa para la estrella.

PASO 2 • Cortar la esfera N° 3 por la mitad con un cúter.

PASO 3 • Envolver la mitad de la esfera con la masa.

PASO 4 • Cortar la estrella con un cortante.

PASO 5 • Realizar arrugas en cada punta con una esteca.

PASO 6 • Pintar un palillo de brochette con acrílico blanco e insertar en la estrella.

PASO 7 • Estirar masa bien gruesa para la base.

PASO 8 • Colocar el film y cortar un círculo con un cortante.

PASO 9 • Realizarle ondas con el bolillo.

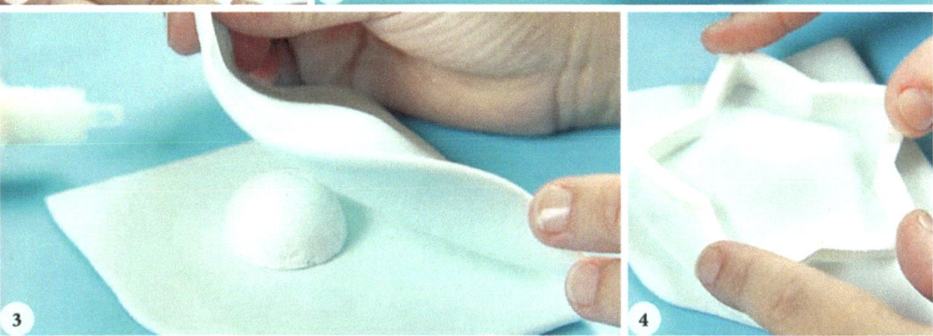

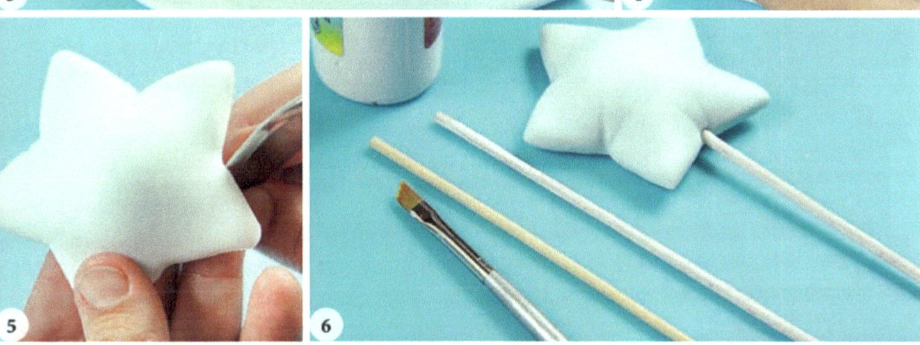

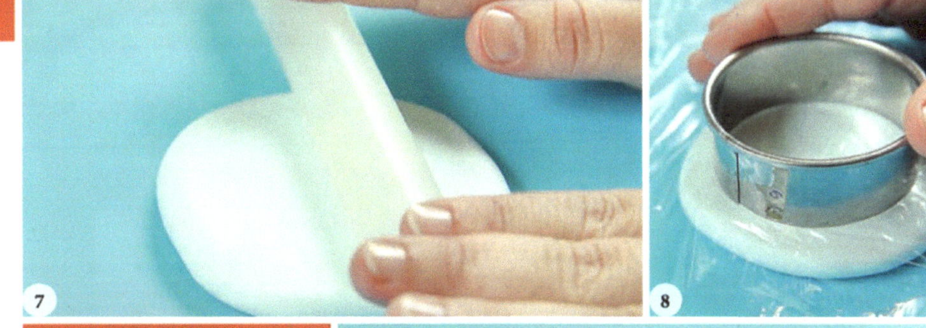

CERDITO

PASO 11 • Forrar una esfera con prolongación.

PASO 12 • Para las patas, modelar dos rollitos inclinados, remarcar el contorno de la pezuñas con una esteca y realizar una marca en la parte superior para dividir la misma.

PASO 13 • Realizarle arrugas a las patas con una esteca.

PASO 14 • Modelar los brazos de la misma manera que las patas pero más chicas.

PASO 15 • Pegar las patas al cuerpo con cola vinílica.

PASO 16 • Para modelar la cabeza, comenzar forrando la esfera con prolongación. Separar la frente de los cachetes. Luego dividir el sector de los cachetes en tres partes, llevar en el centro la masa hacia arriba para poder dar forma a la nariz. Marcar la boca.

PASO 17 • Con un bolillo, dibujar el labio inferior y realizar los agujeros de la nariz. Con una esteca de gancho marcar las cejas.

PASO 18 • Pegar la cabeza al cuerpo con cola vinílica.

PASO 19 • Pegar los brazos en la posición deseada.

PASO 20 • Para las orejas, modelar dos lágrimas, aplanarlas y presionar el centro de cada una con una esteca.

PASO 21 • Doblar las orejas con una esteca y pegarlas a la cabeza con cola vinílica.

PASO 22 • Colocar los ojos autoadhesivos.

PASO 23 • Pegar el chanchito a la base con cola vinílica, una vez seco.

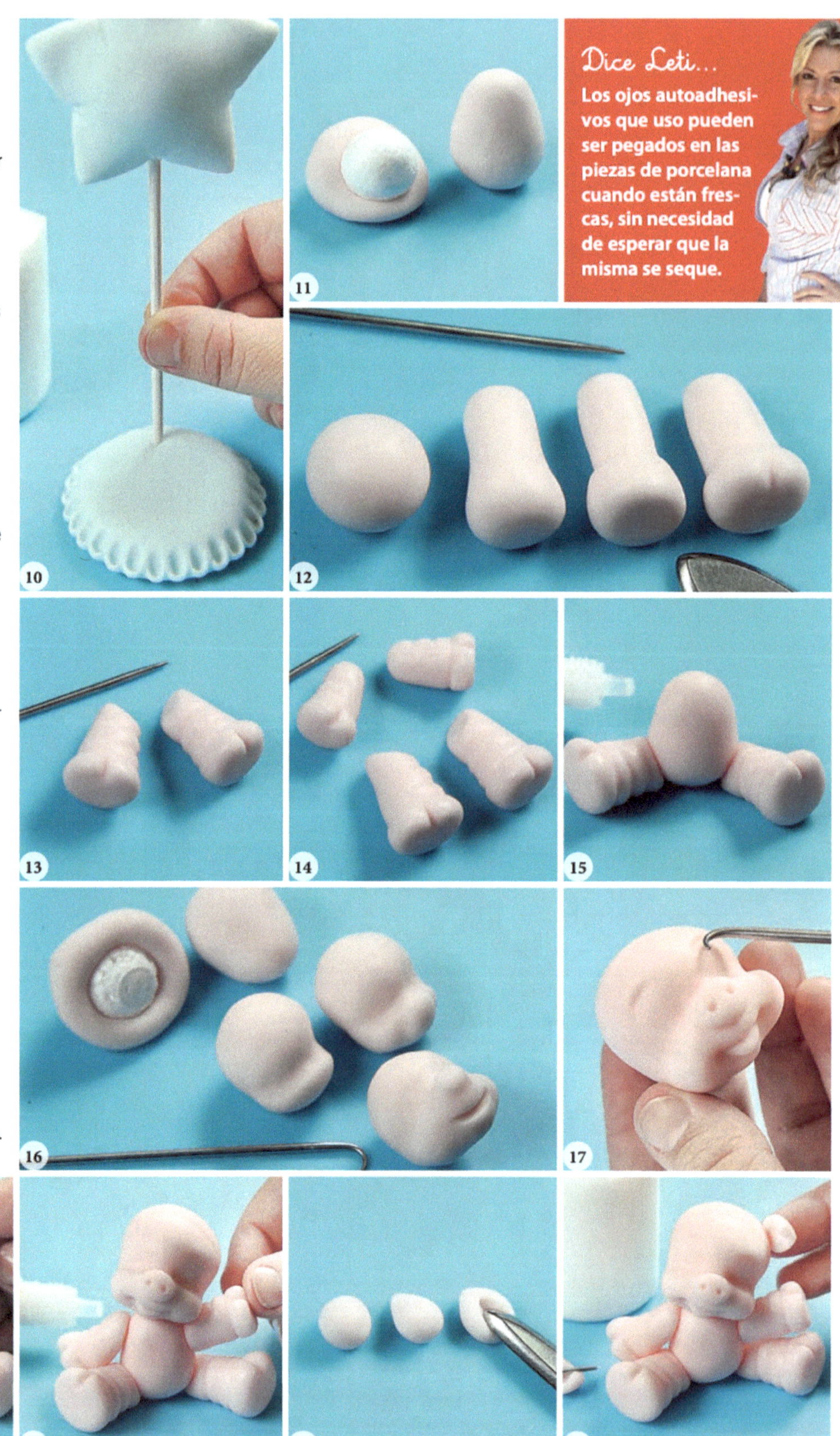

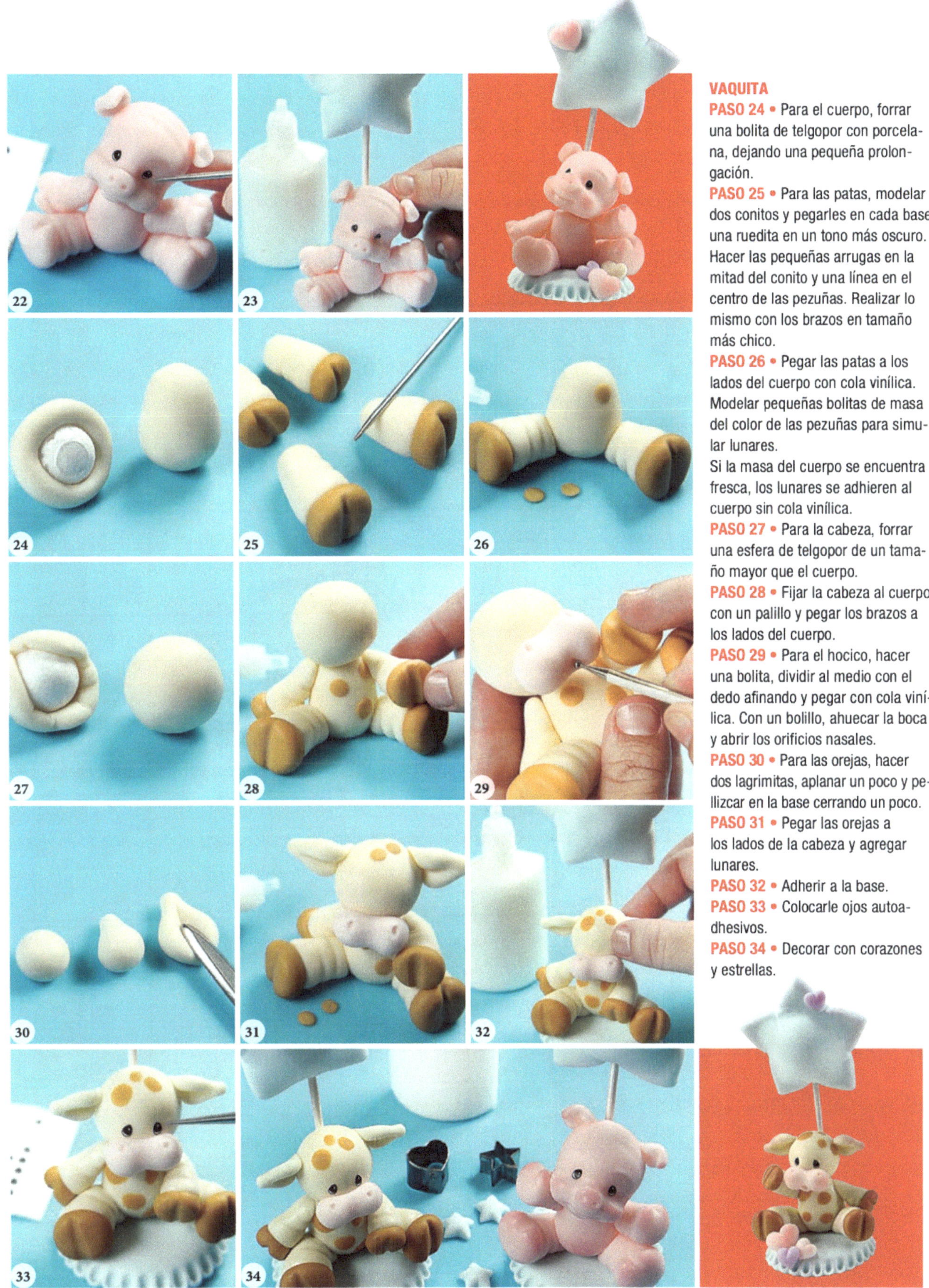

VAQUITA

PASO 24 • Para el cuerpo, forrar una bolita de telgopor con porcelana, dejando una pequeña prolongación.

PASO 25 • Para las patas, modelar dos conitos y pegarles en cada base una ruedita en un tono más oscuro. Hacer las pequeñas arrugas en la mitad del conito y una línea en el centro de las pezuñas. Realizar lo mismo con los brazos en tamaño más chico.

PASO 26 • Pegar las patas a los lados del cuerpo con cola vinílica. Modelar pequeñas bolitas de masa del color de las pezuñas para simular lunares.
Si la masa del cuerpo se encuentra fresca, los lunares se adhieren al cuerpo sin cola vinílica.

PASO 27 • Para la cabeza, forrar una esfera de telgopor de un tamaño mayor que el cuerpo.

PASO 28 • Fijar la cabeza al cuerpo con un palillo y pegar los brazos a los lados del cuerpo.

PASO 29 • Para el hocico, hacer una bolita, dividir al medio con el dedo afinando y pegar con cola vinílica. Con un bolillo, ahuecar la boca y abrir los orificios nasales.

PASO 30 • Para las orejas, hacer dos lagrimitas, aplanar un poco y pellizcar en la base cerrando un poco.

PASO 31 • Pegar las orejas a los lados de la cabeza y agregar lunares.

PASO 32 • Adherir a la base.

PASO 33 • Colocarle ojos autoadhesivos.

PASO 34 • Decorar con corazones y estrellas.

Profesora | **Alejandra Dominguez**

Skaters de cumple

Un centro de mesa o adorno para la torta, y souvenirs ideales para pre-adolescentes, con un toque moderno y canchero, como a ellos les gusta.

PASO 1 • Dar la forma deseada a la base de telgopor con el cúter.

PASO 2 • Cortar el bloque de telgopor en forma de semicírculo con el cúter. Se recomienda lijar las piezas de telgopor para que la superficie quede lisa al momento de ser forrada.

PASO 3 • Unir ambos bloques con los palillos de madera.

PASO 4 • Estirar masa bien gruesa de color verde para forrar la base de telgopor de ambos lados.

PASO 5 • Texturar con un cepillo de cerda dura.

PASO 6 • Estirar masa y forrar el frente de la pista.

PASO 7 • Cortar el excedente con la esteca de cuchillo.

PASO 8 • Texturar con el palo texturador.

PASO 9 • Estirar masa de otro color. Cortar un rectángulo y forrar la parte central de la pista.

PASO 10 • Colocar un rollito de masa en la parte superior para tapar la unión.

PASO 11 • Estirar masa de color gris y pasarle purpurina plateada. Cortar una cinta y un zigzag sobre uno de los bordes con un cortante.

PASO 12 • Pegarlo en la parte del frente para tapar la unión.

PASO 13 • Adherir la pista sobre la base con cola vinílica.

PASO 14 • Para realizar los banderines, estirar masa y cortar rombos con el cortante.

PASO 15 • Cortar una porción en la parte superior.

PASO 16 • Colocar sobre la tanza y doblar la parte superior para sujetarlo. Realizar varios de la misma manera.

PASO 17 • Estirar masa gris y forrar los palillos de brochette.

PASO 18 • Modelar dos bolitas aplanadas, una más grande que la otra y pasarle purpurina plateada igual que al palillo forrado.

PASO 19 • Forrar una bolita de telgopor y tonalizar con el polvo tonalizador tipo nácar.

PASO 20 • Pegar las dos bolitas aplanadas en la punta del palillo y la esfera forrada con cola vinílica.

PASO 21 • Pinchar los palillos a la base detrás de la pista.

PASO 22 • Pegar la tanza con los banderines a los palillos.
Es importante dejar secar bien los banderines antes de pegarlos a los palitos para que no pierdan su forma y para que pesen menos.

PASO 23 • Realizar varias bolitas de color verde y texturar con el cepillo para mascotas.

PASO 24 • Darle color a la base con polvo de pétalos en tono verde.

PASO 25 • Pegar las bolitas para simular pasto.

PASO 26 • Para los zapatos, modelar una pera partiendo de una bolita de masa, dar base a la misma. Para las medias, modelar dos rueditas. Pegar las mismas sobre los zapatos con cola vinílica.

PASO 27 • Para el cuerpo de los nenes, forrar una esfera con prolongación.

PASO 28 • Modelar las piernas con la técnica básica.

PASO 29 • Adherir las piernas al cuerpo con cola vinílica.

PASO 30 • Hacer la cabeza con la técnica básica.

PASO 31 • Pegar la cabeza al cuerpo con un palillo.

PASO 32 • Esfumar bien la unión con las toallitas húmedas.

PASO 33 • Estirar masa del color del pantalón y cortar un rectángulo.

PASO 34 • Colocar sobre el cuerpo de adelante hacia atrás. Marcar la entrepierna y realizar arrugas con la esteca.

PASO 35 • Estirar masa del color de la remera y cortar un rectángulo.

PASO 36 • Calar el sector del cuello con un cortante redondo pequeño.

PASO 37 • Colocar sobre el cuerpo dejando la unión hacia atrás.

PASO 38 • Modelar los brazos con la técnica básica.

PASO 39 • Estirar un rectángulo para la manga y pegarlo en la parte superior del brazo.

PASO 40 • Hacer un casquito para el pelo y colocar sobre la cabeza de atrás hacia adelante. Texturar con la ayuda de una esteca.

PASO 41 • Pegar los brazos al cuerpo con cola vinílica en la posición deseada.

PASO 42 • Para la base del skate, estirar masa y cortar la forma deseada.

PASO 43 • Dejar secar bien sobre goma espuma dejando caer los extremos para que tome la forma del skate.

PASO 44 • Para la parte superior, estirar masa de color negro, colocarle gibré negro y cortar la forma deseada.

PASO 45 • Adherir sobre la base con cola vinílica.

PASO 46 • Modelar una bolita aplanada y colocarle purpurina al igual que al palillo de madera y hacer dos bolitas aplanadas para las ruedas.

PASO 47 • Pegar las ruedas a la base con cola vinílica.

PASO 48 • Pegar los zapatos sobre la patineta y luego, pegar las piernas sobre las medias.

PASO 49 • Pintar los ojos con los marcadores.

PASO 50 • De la misma manera, realizar varios nenes en diferentes posiciones y pegarlos a la base con cola vinílica.

LLAVEROS

PASO 51 • Estirar masa para la base del skate, dejar secar de la misma manera que en el modelo central y antes de que esté completamente seco, agujerear uno de los extremos. Pegar la parte superior y volver a agujerear. Modelar las ruedas de la misma manera que en el modelo central. Colocar el llavero en el extremo del skate.

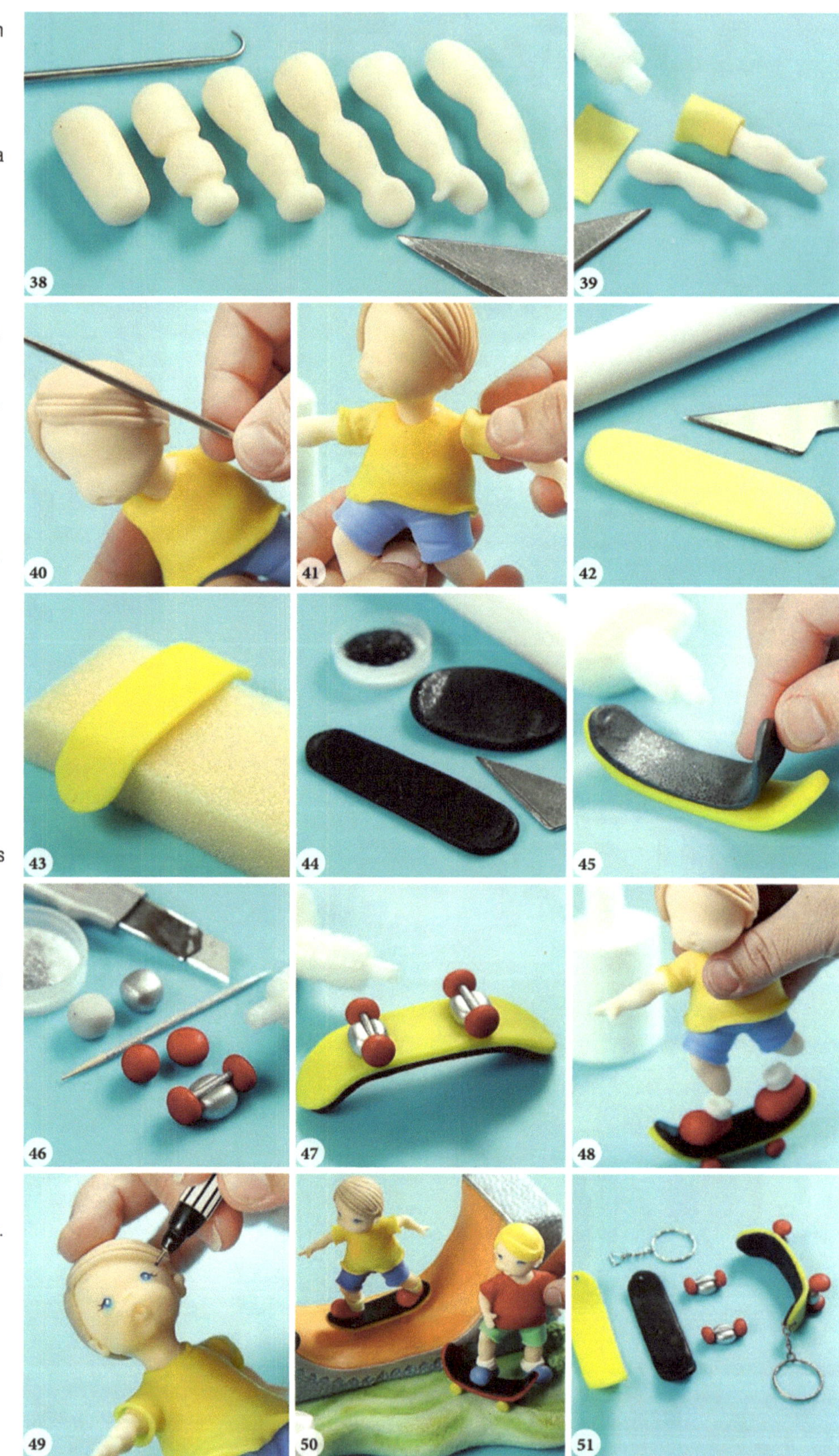

Coqueterías

Una idea para agasajar a las invitadas a un
evento de mujeres y quedar como una reina.

MODELO ROSA

PASO 1 • Modelar una bolita sin grietas, hacer un rollito inclinado y aplanar imitando una cuña. Realizar una división fuerte con una esteca sin llegar a cortar; en los laterales marcar una entrada para imitar el fuelle, doblar la parte plana dando idea de tapa.

PASO 2 • Colocar un tramo de cadena para imitar la manija de la cartera y marca una costura en el borde y la solapa.

PASO 3 • Completar decorando con stickers de uñas y un strass como broche.

MODELO NARANJA

PASO 4 • Partir de una bolita, modelar una lágrima, ahuecar la punta de la lágrima y realizar unas entradas en la base de la lágrima redondeando las marcas de la esteca.

PASO 5 • Realizar costuritas en los laterales y en el frente insertar una esteca abriendo un bolsillo.

PASO 6 • Colocar un tramo de cordón de perlitas para formar la manija de la cartera.

PASO 7 • Hacer un parchecito sobre el frente del bolsillo, marcando costuritas, líneas y colocando una flor plástica en el centro.

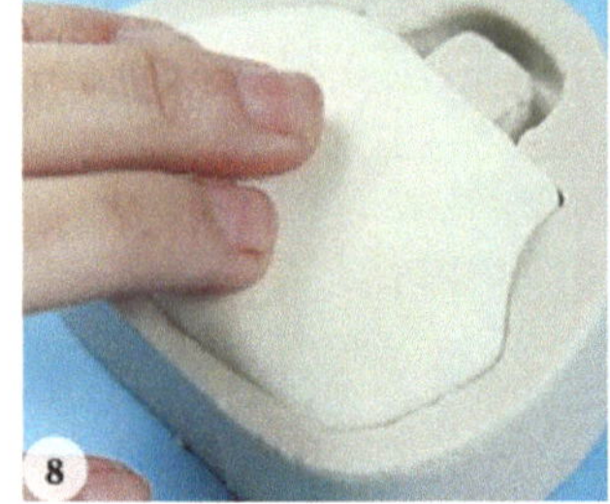

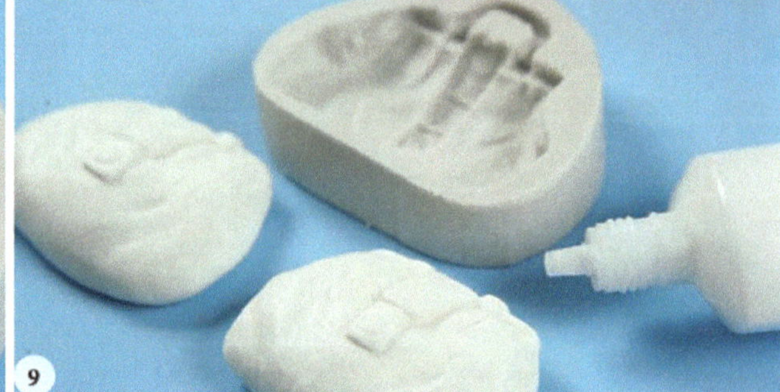

MODELO DE MOLDE ANIMAL PRINT

PASO 8 • Colocar masa sin grietas dentro del molde.

PASO 9 • Hacer dos partes y pegarlas.

PASO 10 • Integrar bien la unión de las partes de la cartera y marcar costuritas transversales a la unión.

PASO 11 • Estirar masa negra y cortar una tirita. Adherirla de atrás hacia adelante.

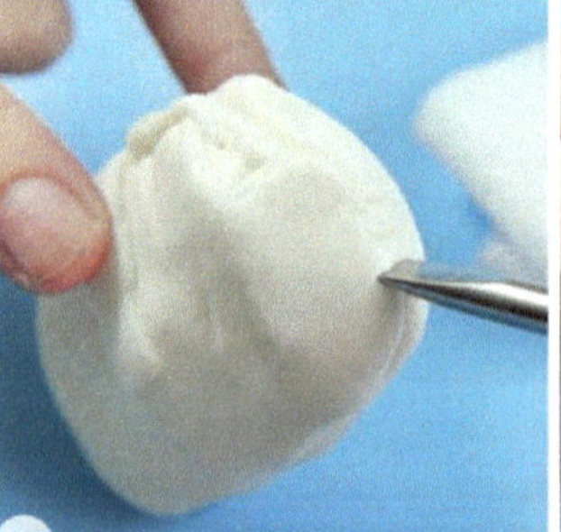

PASO 12 • Colocar un strass como botón de cierre, hacer marcas en la cinta del cierre, hacer pequeños rollitos con los extremos terminados en punta, aplastarlos sobre la cartera.

PASO 13 • Para la manija, enhebrar florcitas plásticas en un trozo de alambre negro de bijouterie en forma curva.

PASO 14 • Insertar la manija en la carterita aún fresca asegurando la unión con pegamento instantáneo.

MODELO CELESTE

PASO 15 • Partir de una bolita, hacer un rollito corto, aplanar en el sentido largo del mismo imitando una cuña; darle base y marcar con esteca las profundidades del fuelle.

PASO 16 • Marcar en el frente dos bolsillos insertando una esteca; destacar en el centro línea y costuras.

PASO 17 • Para la tapa, estirar masa color rosa y cortar la forma deseada. Realizar en el contorno una hilera de costuritas. Marcar en la parte superior unas costuritas cortitas imitando el cierre por donde se abre la cartera.

PASO 18 • Para la manija, enhebrar florcitas plásticas en un trozo de alambre negro de bijouterie en forma curva.

PASO 19 • Decorar la cartera con stickers de florcitas e insertar la manija.

PASO 20 • Modelo moño: colocar masa sin grietas dentro del molde, hacer dos partes y pegarlas.

PASO 21 • Para la base, pegar pasamanería alrededor del espejo.

PASO 22 • Fijar las carteras a la base con pegamento universal si están secas o con cola vinílica si están frescas.

Dulce cuento

Una casita de cuento hecha toda en golosinas,
perfecta para decorar una torta de cumpleaños
con un juego de dulces como souvenirs.

MATERIALES

Casita

- Porcelana fría: 1 kg
- Colorantes: marrón chocolate, blanco, siena natural, amarillo de nápoles, rojo, violeta y verde
- Bloque de telgopor de 10 x 12 cm
- Cúter
- Regla
- Cinta de enmascarar
- Moldes de siliconas de galletitas
- Estecas
- Cola vinílica
- Palo de amasar
- Rodillos texturadores
- Eyector
- Cepillo de cerda dura
- Círculo de telgopor de 20 cm de diámetro y 2 cm de espesor

Cupcakes y bastones

- Porcelana fria 300 g (para 12 souvenirs de cada modelo)
- Colorantes rojo, siena natural, verde, blanco, siena tostada
- Cortante de círculo con onditas de 4 cm de diámetro
- Cortante de corazón de 3 cm de alto
- Rodillos texturadores
- Cola vinílica
- Toallitas húmedas
- Estecas
- Esmalte de uñas transparente

CASITA

PASO 1 • Realizar dos cortes en los lados largos del bloque para simular el techo a dos aguas.

PASO 2 • Estirar masa siena natural de 5 mm de espesor con el palo de amasar.

PASO 3 • Con el rodillo texturador marcar la masa haciéndolo rodar de manera firme y pareja.

PASO 4 • Cortar dos piezas con la forma del frente de la casita.

Adherir con cola vinílica ambas partes.

PASO 5 • Estirar y texturar nuevamente masa siena natural para cubrir el techo y paredes restantes, mediante un recorte de masa rectangular que abarque la totalidad de dichas partes.

PASO 6 • Colocar masa marrón chocolate en molde y con los dedos presionar la masa para marcar la forma de la galletita para la puerta.

PASO 7 • Desmoldar la galletita y dejarla orear un poco.

PASO 8 • Pegar la galletita obtenida en el frente con cola vinílica.

PASO 9 • Hacer un modelo de galletita imitando obleas.

PASO 10 • Para las ventanas, cortar partes de la oblea y, para el alféizar, un rollito marrón chocolate texturado con líneas a lo largo.

PASO 11 • Realizar una bolita marrón y una verde. Aplanarla un poco y pegarlas superpuestas al centro de la ventana.

PASO 12 • Fijar las ventanas a los lados de la puerta con cola vinílica.

PASO 13 • Con el eyector y boquilla de trébol, realizar un cordón blanco y retorcer.

PASO 14 • Adherir el cordón blanco alrededor de las ventanas.

PASO 15 • Realizar otro modelo de galletita: con marrón la galletita y con rojo la jalea. Pegarla sobre la puerta.

PASO 16 • Modelar confites de varios colores y pegarlos enmarcando la puerta.

PASO 17 • Para el techo, pegar obleas.

PASO 18 • Adherir cordones blancos en los encuentros del techo con las paredes del frente y revés de la casita.

PASO 19 • Con una boquilla de trébol más grande, pegar en el vértice del techo para la cumbrera.

PASO 20 • Para los bastones de caramelo, modelar dos rollos, uno blanco y uno rojo y entrelazarlos. Amasar sobre la mesa y curvar como una letra J.

PASO 21 • Adherir los bastones en las 4 esquinas de la casita.

PASO 22 • Para los adornos del techo, obtener una galletita cuadrada con molde y cortar en cuatro partes. En el centro de cada parte, superponer un trocito de oblea.

PASO 23 • Con un molde de galletita redonda, hacer la base del adorno central del techo, decorar con una bolita blanca aplastada imitando crema y una pequeña bolita roja.

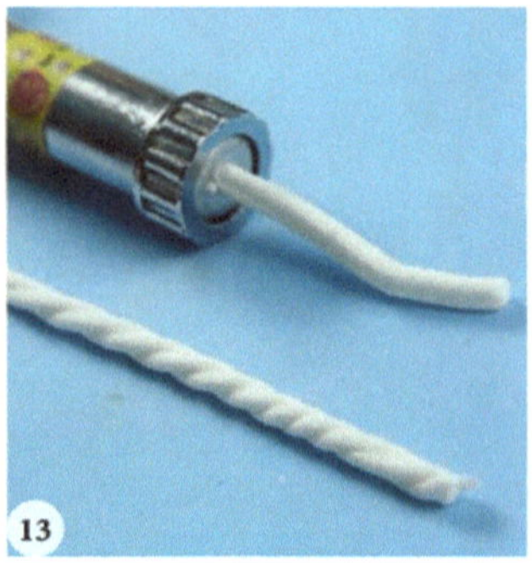

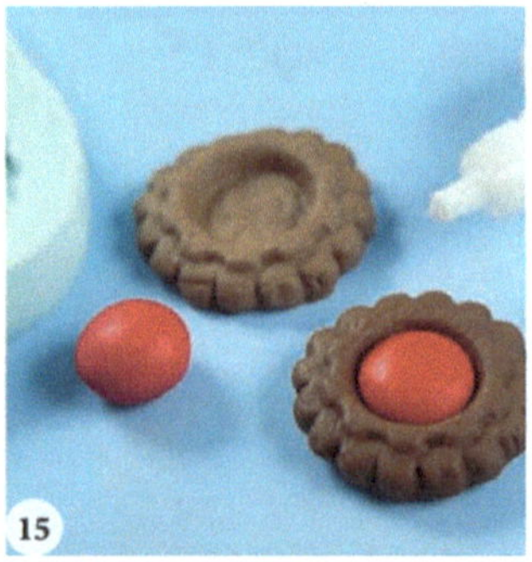

PASO 24 • Con un cortante de corazón, calar parte de una galletita; pegar alrededor un rollito blanco y hacerle ondas con un bolillo.

PASO 25 • Pegar galletita con un palillo por adentro en el frente del techo.

PASO 26 • Pegar las galletitas cuadradas y redondas al techo, repitiendo lo mismo en el otro lado.

PASO 27 • Para el cubanito, envolver un rollito marrón con una lámina texturada a cuadros.

PASO 28 • Aplicar el cubanito como chimenea y decorar la cumbrera con confites.

PASO 29 • Para decorar las paredes laterales, realizar dos galletitas redondas, un cordón blanco, confites coloridos y media galletita.

PASO 30 • Base: estirar masa verde de 5 mm de espesor y cubrir un círculo de telgopor, adherir con cola vinílica. Con un cepillo de cerda dura, realizar la textura de pastito.

PASO 31 • Pegar la casa cuando ya esté seca a la base y decorar con pedacitos de oblea el pastito.

PASO 32 • **Souvenirs.** Para la base del muffin, partir de una bolita y darle forma de rollito corto con una leve inclinación. Estirar masa más oscura y cortar un círculo con el borde ondeado.

PASO 33 • Para la cubierta, hacer una bolita roja y realizarle divisiones con una esteca.

PASO 34 • Para el chupetín, lograr un rollito fino blanco y otro rojo, juntarlos y realizar una torzada. Hacerlos rodar en la mesa con la palma de la mano para integralos y, por último, enroscar como un espiral.

PASO 35 • Para terminar el chupetín, estirar masa blanca gruesa y con un rodillo marcar la textura cuadrillé; cortar un corazón, hacer una mini bolita verde y un circulito marrón texturado; un palillo y el espiral blanco y rojo. Insertar el chupetín en el cupcake y decorar con confites verdes y blancos.

PASO 36 • Para el modelo bastón, es la misma explicación del bastón de caramelo. Estirar masa de los dos marrones y con rodillo, texturar; cortar dos corazones, uno mayor que el otro, hacer dos bolitas, una verde y otra roja.

Profesora | **Nanci Arrúa**

Bailarinas

Les presentamos unos preciosos y llamativos souvenirs
en tonos rosados, ideales para el cumpleaños de una nena.

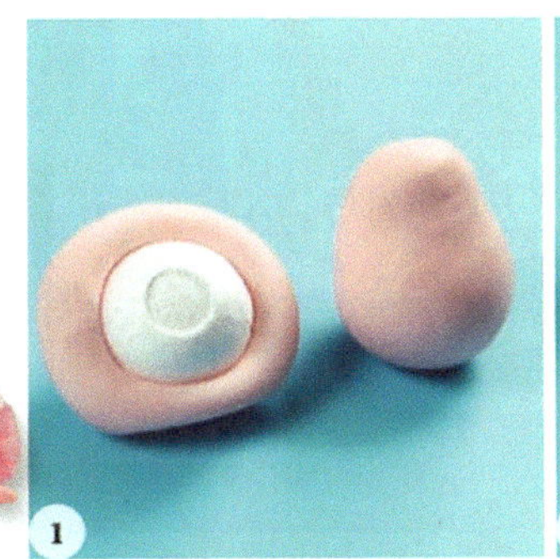

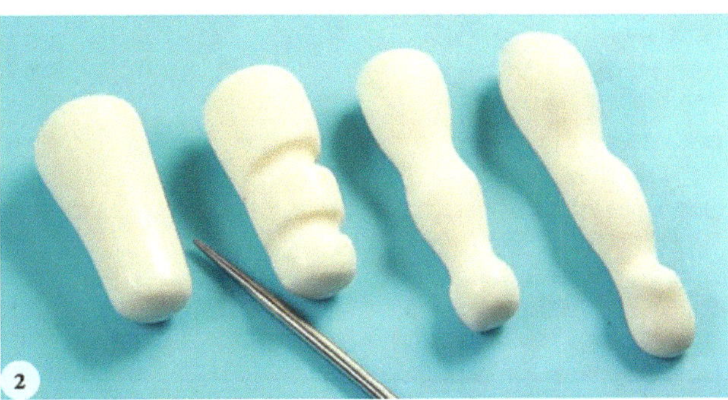

MATERIALES
- Porcelana fría: 1 kg (5 souvenirs)
- Esferas N° 3 y N° 4
- Témperas: naranja flúo, rojo flúo y rosa
- Óleo siena natural
- Estecas y bolillos
- Tijera
- Marcadores
- Palito de brochette
- Palo de amasar
- Cola vinílica
- Tul fucsia
- Rosas rococó de tela
- Hilo y aguja
- Toallitas húmedas
- Rubor
- Cortante de óvalo
- Lampazo

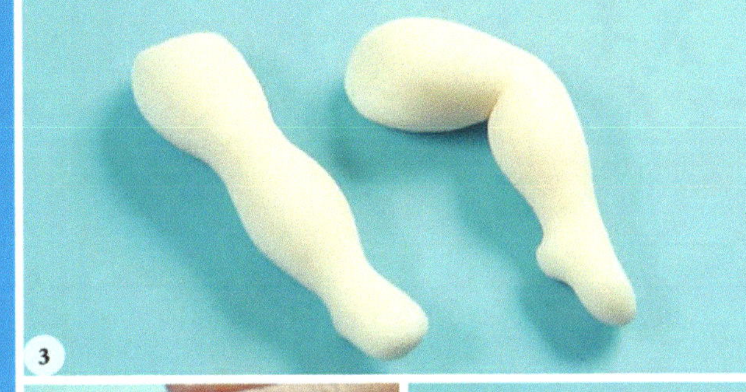

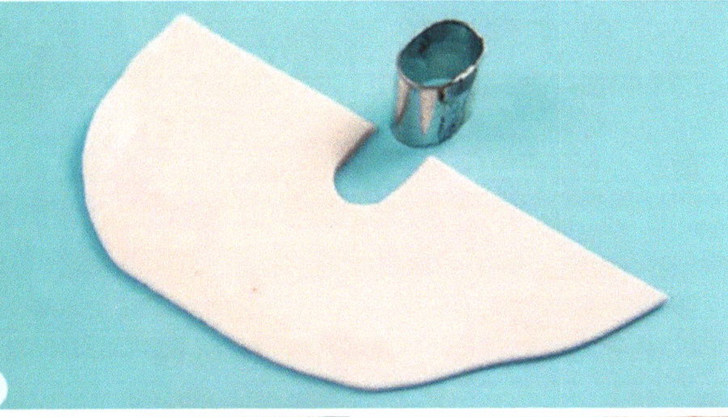

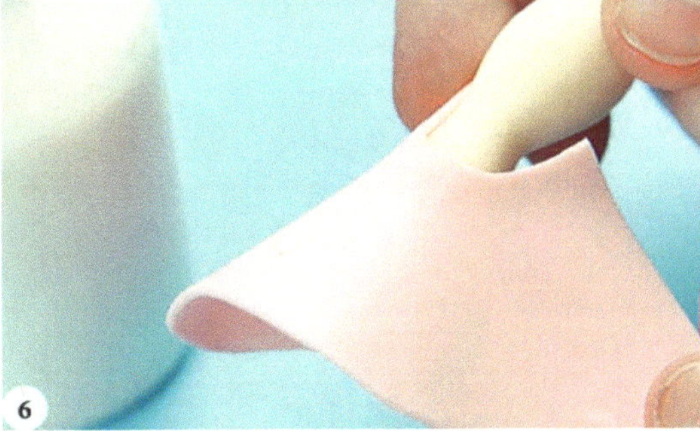

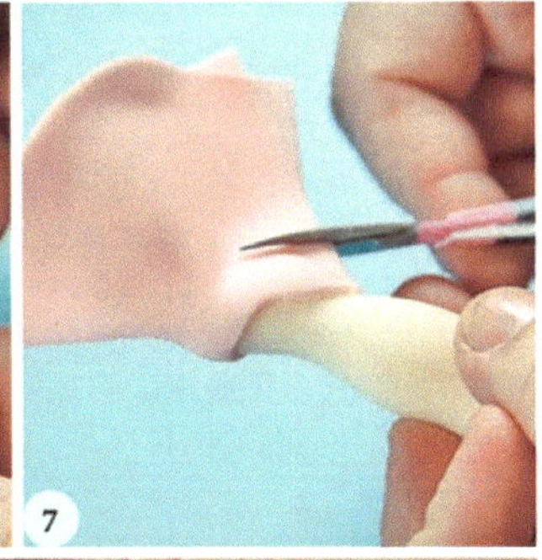

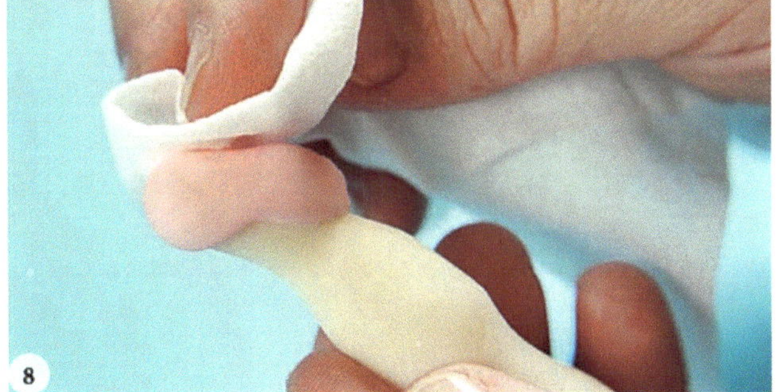

PASO 1 • Para el cuerpo, forrar una esfera con prolongacion con masa color rosa.

PASO 2 • Para las piernas, modelar dos rollitos inclinados, dividir el mismo a la mitad, de esta manera, estaremos separando el muslo de la pantorrilla y en el centro se ubicará la rodilla. Luego, dividir la parte de menor tamaño, dejando una porcion de masa para modelar el pie.

PASO 3 • Dar el movimiento deseado a las piernas.

PASO 4 • Para las zapatillas de ballet, estirar masa fina.

PASO 5 • Cortar una parte recta y en ese sector, calar con un cortante de óvalo.

PASO 6 • Forrar el pie de adelante hacia atrás.

PASO 7 • Cortar el excedente con una tijera.

PASO 8 • Fundir bien la unión con una toallita húmeda.

PASO 9 • Pegar las piernas al cuerpo en la posición deseada.

PASO 10 • Modelar la cabeza con la técnica básica.

PASO 11 • Buscar el cuello, insinuar la nariz y abrir la boca con el bolillo.

PASO 12 • Pegar la cabeza al cuerpo con un palillo de madera.

PASO 13 • Hacer un rollito y ubicarlo alrededor del cuello para tapar la unión.

PASO 14 • Para los brazos, modelar dos rollitos, dividirlos en tres y hacer la mano en uno de los extremos de cada rollito. Marcar sólo el dedo pulgar.

PASO 15 • Adherir los brazos en la posición deseada.
Antes de continuar, dejar secar bien el trabajo.

PASO 16 • Para el tutú, fruncir el tul con hilo y aguja.

PASO 17 • Colocar el tul alrededor de la cintura.

PASO 18 • Dibujar los ojos con los marcadores.

PASO 19 • Una opción de peinado, es utilizar las tiras del lampazo. Para esto, separar las hebras en grupitos de dos.

PASO 20 • Colocar un palillo en la cabeza en el sector donde irá la colita y pegar con cola vinílica las hebras una a continuación de la otra en dirección al palillo.

PASO 21 • Atar la colita con una hebra.

PASO 22 • Juntar varias hebras para formar el flequillo y atarlas a la mitad. Pegarlas sobre la frente con cola vinílica y cortar el excedente con una tijera.

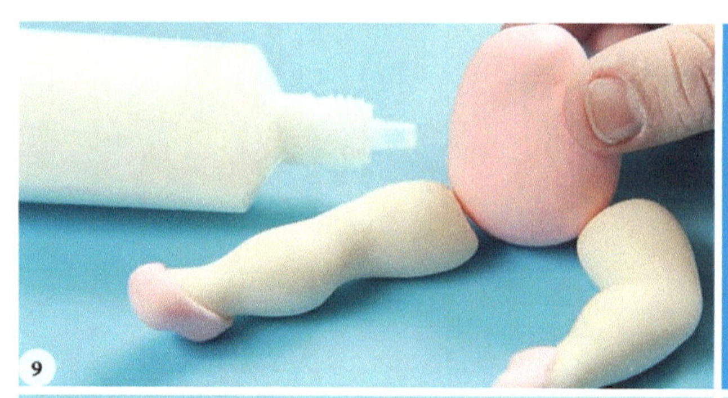

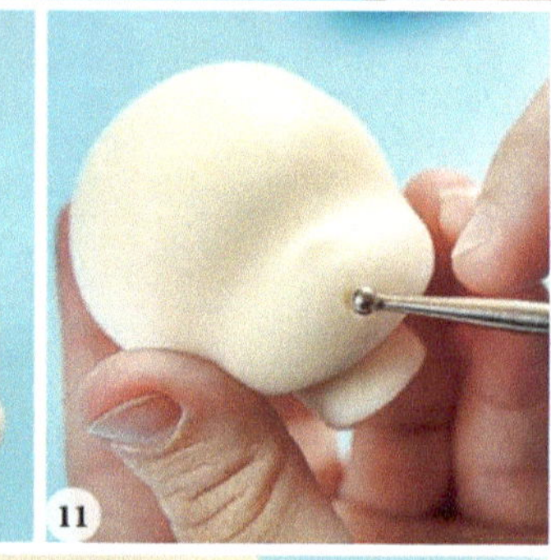

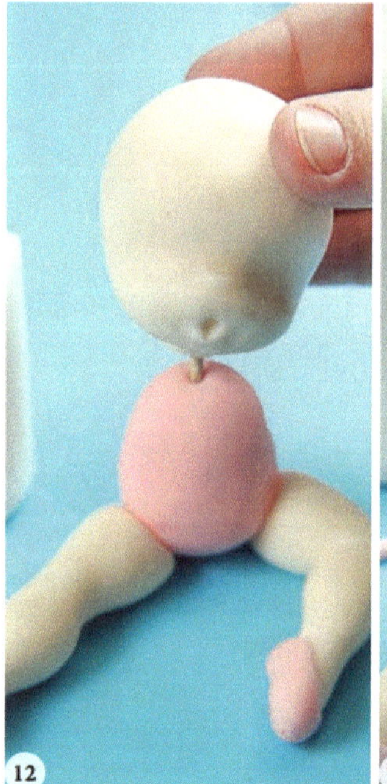

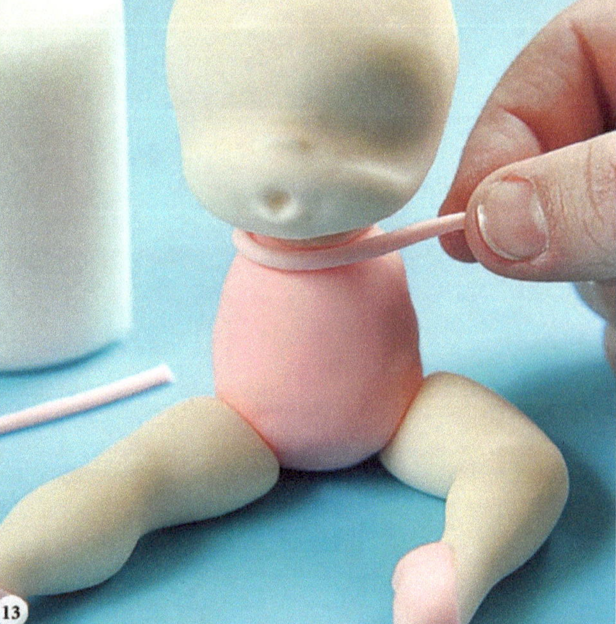

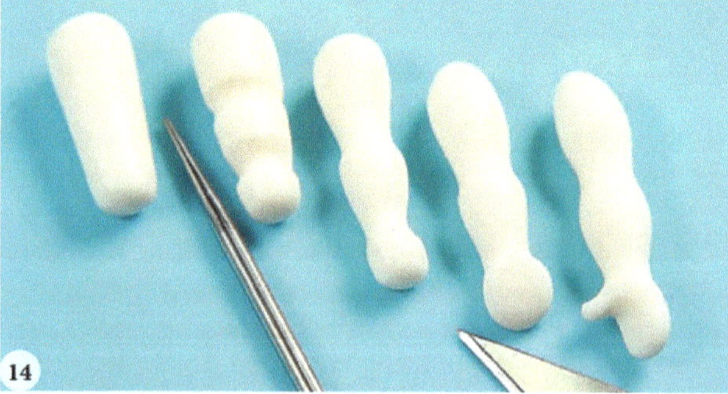

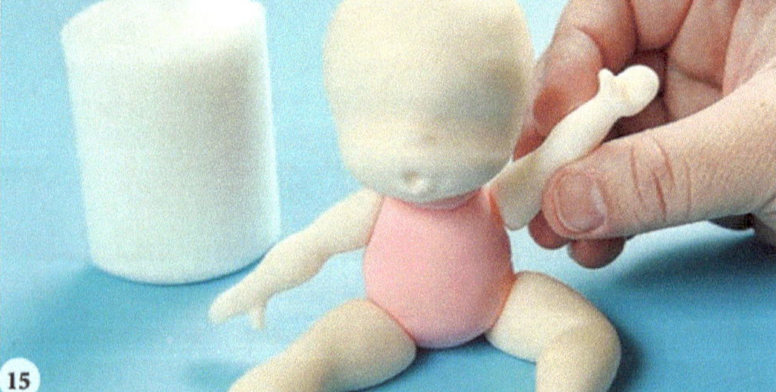

PASO 23 • Pegar las rositas de tela para tapar el nudo de la colita.
PASO 24 • Otra opción, con porcelana de color siena natural, realizar un casquito.
PASO 25 • Para el flequillo, modelar una lágrima, darle base y colocar en la cabeza.
PASO 26 • Colocar una bolita para el rodete.
PASO 27 • Decorar con rosas rococó de tela.

PARA LAS BAILARINAS PARADAS • Hacer una estrella para la base partiendo de una bolita aplanada, dividir en cinco sectores, buscar las puntas de la estrella y redondear bien los filos con la yema de los dedos. Colocar un rollito y pegarlo en todo el contorno. Es importante dejar secar bien la base antes de pegar la bailarina.

Profesora | **Adriana Garifo**

Pastelería

Souvenirs ideales para los cumpleaños donde las nenas se divierten cocinando con amigas jugando a ser grandes pasteleras.

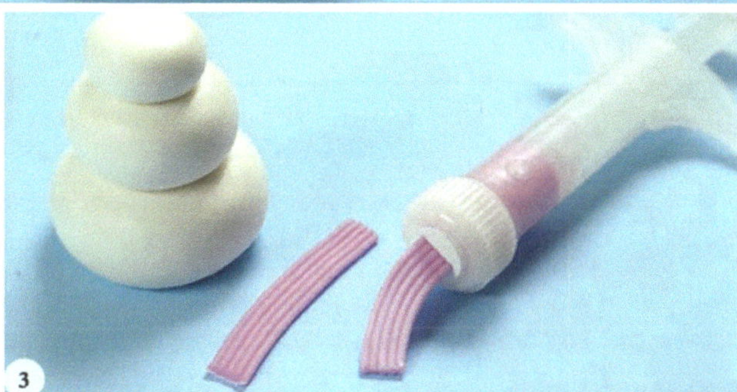

PASO 1 • Modelar tres bolitas en color blanco de tres tamaños distintos y aplastarlas un poquito.

PASO 2 • Pegarlas con cola vinílica una arriba de la otra de mayor a menor.

PASO 3 • Con el eyector, hacer las tiras en color fucsia para decorar.

PASO 4 • Pegar las tiras en el piso más grande de la tortita.

PASO 5 • Con otra boquilla del eyector, realizar tiras trenzadas en color naranja. Realizar la decoración entre cada piso.

PASO 6 • Hacer rositas fucsias con molde de silicona y aplicarlas en el primer piso de la tortita.

PASO 7 • Decorar con los strass y un moño color esmeralda realizado con molde de silicona.

PASO 8 • Para la base, estirar masa gruesita color fuscia y cortar con un cortante de círculo N° 5. Para la blonda, estirar masa finita, cortar con un cortante de círculo más grande y ruletear.

PASO 9 • Montar las piezas y pegar con cola vinílica.

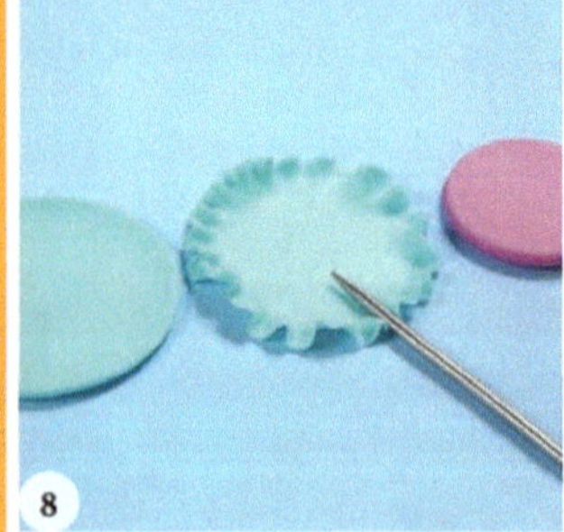